河南省地方标准

普通干线公路建设标准化指南

Standard guide for general highway construction

DB 41/T 1166—2015

主编单位:河南省交通运输厅公路管理局
中交国通公路工程技术有限公司
批准部门:河南省质量技术监督局
实施日期:2016 年 03 月 01 日

人民交通出版社股份有限公司

图书在版编目(CIP)数据

普通干线公路建设标准化指南 / 河南省交通运输厅公路管理局，中交国通公路工程技术有限公司主编. — 北京 ：人民交通出版社股份有限公司，2017. 8

ISBN 978-7-114-14057-0

Ⅰ. ①普… Ⅱ. ①河… ②中… Ⅲ. ①道路工程—工程施工—标准化管理—河南—指南 Ⅳ. ①U415-62

中国版本图书馆 CIP 数据核字(2017)第 187441 号

书 名：**普通干线公路建设标准化指南**
著 作 者：河南省交通运输厅公路管理局
中交国通公路工程技术有限公司
责任编辑：尤 伟
出版发行：人民交通出版社股份有限公司
地 址：(100011)北京市朝阳区安定门外外馆斜街 3 号
网 址：http://www.ccpress.com.cn
销售电话：(010)59757973
总 经 销：人民交通出版社股份有限公司发行部
经 销：各地新华书店
印 刷：北京市密东印刷有限公司
开 本：880 × 1230 1/16
印 张：3
字 数：81 千
版 次：2017 年 8 月 第 1 版
印 次：2017 年 8 月 第 1 次印刷
书 号：ISBN 978-7-114-14057-0
定 价：50.00 元

目　次

前　　言

本标准按照 GB/T 1.1—2009 给出的规则起草。

本标准由河南省交通运输厅提出。

本标准起草单位:河南省交通运输厅公路管理局、中交国通公路工程技术有限公司。

本标准主要起草人:张长林、赵小彦、李强、刘芳、宋勇、路晓耀、张钰。

本标准参加起草人:高爱民、韩劲草、霍飞、谢梁萍、刘延琪、刘文斌、刘珍、吴道新、王政、李运富、范亚明、周晓华、袁通甲、任杰、赵铁、马明子、李林、陈海龙、宋迎、付俊卿、王照健、赵建、辛飞、吴冬、李晓峰、王国芝、王园园、熊茜、李静、梁冰。

普通干线公路建设标准化指南

1 范围

本标准规定了河南省普通干线公路建设的术语和定义、工程建设项目管理和施工管理。

本标准适用于河南省普通干线公路建设的标准化。

2 规范性引用文件

下列文件对于本文件的应用是必不可少的。凡是注日期的引用文件，仅注日期的版本适用于本文件。凡是不注日期的引用文件，其最新版本（包括所有的修改单）适用于本文件。

GB 2894 安全标志及其使用导则

GB 12523 建筑施工场界环境噪声排放标准

GB 50720 建设工程施工现场消防安全技术规范

JTG H30 公路养护安全作业规程

JGJ 46 施工现场临时用电安全技术规范

GA/T 415 锥形交通路标

3 术语和定义

下列术语和定义适用于本文件。

3.1

危险源 hazard source

可能造成人员伤害、疾病、财产损失、作业环境破坏或其他损失的因素或状态。

3.2

风险评估 risk assessment

对工程中存在的各种安全风险及其影响程度进行综合分析，包括风险辨识、风险估测、风险评价和防控措施。

4 工程建设项目管理

4.1 一般规定

4.1.1 普通干线公路建设项目应执行上级交通行政主管部门规定的基本建设程序，包括工程可行性研究、初步设计或施工图设计、项目招投标、施工许可、交工验收、档案验收、项目竣工验收等。

4.1.2 交通运输部、省投资或国债资金投资的普通干线公路建设项目，按照省级交通行政主管部门的规定进行分级管理。

4.1.3 各参建单位的制度建设参见本标准附录A的有关规定。

4.2 项目法人

4.2.1 普通干线公路建设项目应依法实行项目法人负责制。

4.2.2 项目法人应依法选择勘察、设计、施工、咨询、监理单位，采购与工程建设有关的重要设备、材料，办理施工许可，组织项目实施，组织项目交工验收，报请政府审计，申请项目竣工验收。

4.2.3 项目法人应根据项目进展的实际情况以日常检查、专项检查、随机抽查等方式开展建设项目的质量检查评估活动，履行建设管理职能。

4.2.4 项目法人应接受质量监督机构的全过程监督。

4.3 工程招投标

4.3.1 项目建设资金已落实、施工图设计已批准，项目法人应依法组织施工及施工监理招投标。

4.3.2 普通干线公路建设项目施工及施工监理招标实行招标备案制度，项目法人应按项目分级管理权限履行招标备案程序。

4.3.3 普通干线公路建设项目施工招标应采用有限低价评标法，对技术复杂、施工难度较大的工程项目，使用其他评审办法时，应经过交通行政主管部门批准。

4.3.4 普通干线公路建设项目应由招标人组织至少两家具有相应资质的单位或至少两组（每组至少两人）具有相应造价资格的人员编制两套独立的施工招标人报价，并报所在省辖市（省管县）交通造价管理部门审核，经审核后选择一组作为项目的施工招标人报价。

4.4 工程开工准备

4.4.1 建设项目开工前，项目法人应成立项目建设管理机构，对工程项目实施全面管理，并在开工前以文件形式上报交通行政主管部门备案。

4.4.2 合同签订后，施工及监理中标人应按合同规定进行驻地和工地试验室标准化建设，工地试验室临时资质应经项目质量监督机构认证。

4.4.3 建设项目开工前，项目法人应向交通质量监督部门申请办理建设工程质量安全监督手续，一级公路向省厅质监站申请办理，二级及以下公路向省辖市级或省管县级交通质量监督部门申请办理。

4.4.4 建设项目开工前，项目法人应按项目分级管理权限办理施工许可。

4.4.5 建设项目开工前，施工及监理单位应分别编制施工组织设计和监理计划。监理应组织召开技术交底会和第一次工地会议。具备开工条件的，由总监理工程师签发合同工程开工令，并报项目法人备案。

4.5 工程管理

4.5.1 建设项目应实行原材料、模板准入制，首件工程认可制，样板工程评审推广制。

4.5.2 建立质量、安全、环保管理体系和质量监测体系，建立项目法人、勘察设计、监理、施工等从业单位质量保证体系，具备条件的项目宜实行第三方检测。

4.5.3 施工、监理单位应履行合同承诺，进场主要人员与投标人员的变化率不得超过30%，机械设备不低于合同要求。施工期间，施工单位项目技术、质检和安全负责人等主要人员和监理单位项目监理工程师以上人员不得随意变动；确需更换人员，应经项目法人书面审批，且更换人员标准不应低于合同承诺标准。

4.5.4 设计变更应按交通行政主管部门有关规定执行。

4.5.5 普通干线公路建设项目应建立施工监理招标管理、分包管理、施工进度管理、竣工验收管理、农民工工资管理、设计变更管理“六项动态台账”管理。列入年度省重点工程的项目，应建立质量监督管理、安全生产管理、创优基金管理、分包管理、施工进度管理、竣工验收管理、农民工工资管理、设计变更管理“八项动态台账”。

4.5.6 建立省、市、项目三级信息管理平台，对建设项目进行信息化、网络化和动态化管理。

4.5.7 建设项目宜采用节能减排、低碳环保的建筑材料、施工技术和施工工艺。

4.5.8 安全生产费用标准应依照省级交通行政主管部门的有关规定，5 000 万元以上的普通干线公路安全生产费用的提取标准不得低于建安工程费的1.5%；5 000 万元以下（含5 000 万元）的普通干线公路安全生产费用的提取标准不得低于建安工程费的2%；旧路改造、山区道路等施工条件复杂的项目提取标准应适当增加。

4.5.9　招标文件中应明确建设单位、施工单位、监理单位的标准化建设费用，5 000 万元以下（含 5 000 万元）的提取标准不得低于建安工程费的1%，5 000 万元以上的不得低于建安工程费的0.8%。

4.6　交（竣）工验收

4.6.1　普通干线公路建设项目验收分为交工验收和竣工验收两个阶段。交工验收由项目法人负责，竣工验收由交通行政主管部门按项目管理权限负责。

4.6.2　建设项目完工后，项目法人应向项目质量监督机构申请交工质量检测并组织交工验收。

4.6.3　符合竣工验收条件的建设项目，由项目法人按项目管理权限向交通行政主管部门申请竣工验收。通过竣工验收的建设项目，由验收主管部门签发“公路工程竣工验收鉴定书”，质量监督机构对各参建单位签发“工作综合评价等级证书”。

5　施工管理

5.1　一般规定

5.1.1　文明施工

5.1.1.1　驻地、拌和站、预制梁场，大桥、特大桥和隧道施工现场均宜采用封闭式管理，驻地、拌和站、预制梁场四周设置围墙，大桥、特大桥和隧道施工现场应在出入口两侧设置围挡，围墙（挡）高度不低于2m；工地大门高度和宽度不宜小于5m，应有企业形象标志和承建工程名称；有条件的，可在出入口设置安保人员。

5.1.1.2　在驻地、拌和站、预制梁场附近主干道应设置指路牌，其规格应符合本标准附录B中B.1的规定。

5.1.1.3　驻地、拌和站、钢筋加工场、预制梁场的布局应科学合理，各区内场地和主要道路应做硬化处理，排水设施完善。场区排水应按中间高四周低的原则，预设不小于1.0%排水坡度，四周宜设砖砌排水沟，并采用M7.5砂浆抹面。

5.1.1.4　施工现场主要出入口应设置“工程施工告示牌”，其他主要施工点和道路交叉口，应根据实际情况设置指路牌、限速牌等标志牌。

5.1.1.5　合同段起点、终点路肩边缘处应设置合同段标识牌，其规格应符合本标准附录B中B.2的规定。

5.1.1.6　驻地、工地试验室内标识标牌设置参见本标准附录C中C.1的规定。拌和站，钢筋加工场，预制梁场，桥梁、隧道施工现场标识标牌设置应符合本标准附录D的规定。

5.1.1.7　标识标牌左上角应设置“公路路徽”标志和“河南公路”字样，其规格应符合本标准附录C中C.3的规定。

5.1.1.8　施工临时道路应派专人养护，并设专职管理人员，避免车辆占道、拥挤。

5.1.1.9　施工现场机械设备停放位置应合理，分区布置，摆放整齐。施工机械设备按照类别统一编号，规范标识，在左侧明显位置粘贴标识牌，其规格应符合本标准附录B中B.3的规定。

5.1.1.10　进入施工现场的材料、构配件及其他料具应按规定堆放整齐，大型工具应一端对整归齐，钢筋、构件、钢模板等的堆放应垫起且整齐；堆放区设置标识牌，其规格应符合本标准附录B中B.4的规定。

5.1.1.11　施工现场应做到工完料清、场洁。

5.1.1.12　进入施工现场的人员应佩戴安全帽和上岗证，安全监察人员应佩戴袖标；现场管理人员和作业人员应佩戴不同颜色的安全帽，建设单位人员安全帽为白色，监理单位人员安全帽为蓝色，施工单位管理人员安全帽为红色,施工单位作业人员安全帽为黄色。安全帽、上岗证、袖标的标准应符合本标准附录 C 中 C.4 ~ C.6 的规定。

5.1.2 安全生产

5.1.2.1 建立安全生产组织体系和安全管理制度。施工前应对各种安全危险源进行辨识和评估,采取措施,预防事故发生;对存在重大安全事故危险源的工程,应建立重大事故应急预案;当施工中发生事故时,应迅速按照应急预案的规定进行救援和处理。

5.1.2.2 施工作业前,施工单位应将分部、分项工程安全施工的技术要求向现场施工人员进行安全技术交底,安全管理员实施监督。在危险性较大的专项工程实施前,由项目技术负责人向现场管理人员和作业人员进行安全技术交底。

5.1.2.3 对从事特种作业人员,应经过培训持证上岗。进入施工区域内的作业人员,应按规定佩戴、使用劳动防护用品。距地面 2m 及以上高处施工作业人员应佩戴安全帽、穿防滑鞋、系安全带。

5.1.2.4 路基(高边坡、滑坡体、危石段)、桥梁、隧道工程应设置风险告知牌等,并设置安全防护措施。风险告知牌设置应符合本标准附录 D 中 D.4 的有关规定。

5.1.2.5 施工现场所有配电箱、开关箱均应编号配锁,标明负责人姓名、联系电话、使用部位,张贴安全警示标牌,设专人负责管理。

5.1.2.6 桥梁(大桥、特大桥)、隧道工程在施工之前宜进行施工安全风险评估,并按批准的施工方案实施。

5.1.2.7 爆破作业前,应经所在地有关部门办理审批手续,由具备爆破资质的专业机构实施;爆破工作应有专人指挥,确定的危险区边界应有明显的标志,警戒区四周应派设警戒人员。预告、起爆、解除警戒等信号应有明确的规定。

5.1.2.8 临边防护应设置安全防护栏杆,采用红白相间钢管扣件搭设,立杆总高度 1.7m,埋入地下 0.5m(高空临边栏杆应固定牢固)。上横杆离地高度 1.2m,下横杆离地高度 0.6m,横杆长度大于 2m 时,应加设栏杆柱,栏杆应挂密目式安全网封闭,防护栏杆下部应设置高度不小于 0.18m 的挡脚板。栏杆应挂设安全警示标志。高处作业上下通道应根据现场情况选用钢斜梯、钢直梯、人行塔梯。各类梯子安装应牢固可靠。

5.1.2.9 脚手架搭设基础应坚固平实,脚手架的钢管应横平竖直,立杆分布均匀,横杆保持水平,架体外侧搭设连续剪刀撑,脚手架应挂密目式安全网封闭;脚手架的脚手板应满铺、固定;离结构物立面的距离不得大于 0.15m。

5.1.2.10 吊装作业应设警戒区,警戒区不得小于起吊物坠落影响范围。作业人员严禁在已吊起的构件下或起重臂下旋转范围内作业或通行。

5.1.2.11 边通车边施工路段(含桥梁工程),应设立专职的交通管理人员指挥交通,施工作业控制区安全设施布置应按照 JTG H30 的规定摆放有效的交通引导标志、限速标志和必要的警示灯、照明设施等。锥形交通路标的规格应符合 GA/T 415 的规定,柱形路标和隔离墩的规格应符合本标准附录 F 的规定。现场人员应穿反光服,佩戴贴有反光带的安全帽。

5.1.2.12 各库房门口应设置门牌,库房内应设置材料标识牌,其规格应符合本标准附录 B 中 B.4 和附录 C 中 C.1 的规定。

5.1.2.13 火工品库、危险品库、油库等存放应符合国家标准的有关规定。氧气、乙炔等易燃易爆场所应设置禁止、明示标志,应符合 GB 2894 和本标准附录 E 的规定。

5.1.2.14 施工现场应配置符合 GB 50720 的消防安全标识牌和消防器材,并应符合本标准附录 B 中 B.11 的规定。

5.1.2.15 施工现场临时用电应符合 JGJ 46 的有关规定,并按本标准第 5.2.7.1 条的规定执行。

5.1.3 环境保护

5.1.3.1 建立环境保护组织体系、制订环境保护预防方案,并应遵守国家和地方政府有关环境保护的法律、法规。

5.1.3.2 现场施工中应有防止大气污染、噪声(振动)污染、水土保持和其他保护环境卫生的措施。

5.1.3.3 驻地内应设置垃圾池或大号垃圾处理桶,垃圾应集中存放、及时清理。垃圾池一般采用砖砌结构,容积不得小于2m×1m×1m。

5.1.3.4 施工中产生的废水、废油及生活污水不得直接排入河流、湖泊或其他水域中,严禁排入饮用水源附近的土地中。

5.1.3.5 施工中产生的弃土、废渣和固体建筑垃圾,应运至规定的场地集中堆放和处理,废弃的钢木材料及其他可回收物品等应集中处理。

5.1.3.6 施工中发现文物、古迹时,应立即报告当地文物行政主管部门,并协助文物管理部门对其进行保护。

5.1.3.7 在风景区、自然保护区施工时,应保护其自然风貌和生态环境。

5.2 施工现场

5.2.1 驻地建设

5.2.1.1 场地建设

5.2.1.1.1 驻地选址位置宜靠近工程项目的中间位置,应远离地质自然灾害区域;离集中爆破区800m以外,不得占用独立大桥下部空间、河道、互通匝道区及规划的取、弃土场;满足安全、环保、水保的要求,交通、通信便利,水电设施齐全。

5.2.1.1.2 驻地建设一般包括建设单位驻地、监理单位驻地、施工单位驻地。

5.2.1.1.3 自建或租用房屋应坚固、安全、实用、美观,并满足工作、生活需求。自建房最低标准为活动板房,栋与栋之间距离不小于4m,房间净高不低于2.6m,应满足消防的要求。自建活动板房标准应符合本标准附录C中C.2的规定。

5.2.1.1.4 办公区、生活区及车辆、机具停放区应进行分区管理。庭院内适当绿化,环境优美整洁。

5.2.1.2 办公用房

5.2.1.2.1 各单位驻地办公用房应按照管理需要设置,一般设置如下:

a) 建设单位一般设项目管理办公室(项目办主任)、总工程师办公室、各职能部门办公室、档案资料室、会议室等。
b) 监理单位一般设总监理工程师(驻地)办公室、各职能部门办公室、档案资料室、试验室、会议室等。
c) 施工单位项目部一般设项目经理办公室、项目总工程师办公室、各职能部门办公室、档案资料室、试验室、会议室等。

5.2.1.2.2 各单位的驻地办公用房面积应满足办公需要,不应低于表1的规定。

表1 各单位驻地办公用房面积

各室名称	配备标准(m^2)			要 求
	建设单位	监理单位	施工单位	
办公室	6(4)	5(4)	5(4)	人均面积
会议室	60(40)	60(40)	60(40)	具备多媒体功能
档案资料室	20(15)	20(15)	20(15)	

注:括号外数字指建设项目合同额大于3 000万元(或工期1年以上)的最低配备标准;括号内数字指合同额小于或等于3 000万元(或工期在1年以内,含1年)的最低配备标准。

5.2.1.2.3 驻地办公用房应实用、美观、隔热、通风、防潮，各功能房间上墙图表的尺寸、颜色、内容应符合本标准附录C中C.1、C.3的规定。

5.2.1.2.4 办公设备应配备齐全，实现办公自动化。办公室不得兼作宿舍。

5.2.1.2.5 会议室应配备会议桌、椅子、多媒体设施，安装冷暖空调。

5.2.1.2.6 档案资料室应配备资料存放柜和消防设施，注意防潮、防火，并建立借阅登记制度，专人负责管理。

5.2.1.3 生活用房

5.2.1.3.1 生活用房包括宿舍、食堂、浴室、厕所等，配套设施齐全，应达到实用、美观、隔热、阻燃、通风、防潮的标准。建设单位、监理单位、施工单位驻地生活用房应按照需要设置，建设标准不应低于表2的规定。

表2 各单位驻地生活用房面积

各室名称	配备标准(m^2)	要求
宿舍	6	人均面积
厨房	1	人均面积，总面积不少于10 m^2
餐厅	1	人均面积，总面积不少于10 m^2
浴室	0.2	人均面积，总面积不少于10 m^2
厕所	0.2	人均面积，总面积不少于10 m^2

5.2.1.3.2 宿舍应设单人单铺，床铺距地面不应小于0.3m，床铺摆放间距不应小于0.5m。

5.2.1.3.3 食堂应设置独立的操作间、餐厅和储藏间，配备排风和消毒设备。

5.2.1.3.4 男女厕所应分设；各驻地应设置浴室和盥洗室，应有冷、热水供给。

5.2.1.3.5 有条件的宜设活动室，配备相关健身、娱乐设施。

5.2.2 工地试验室

5.2.2.1 场地建设

5.2.2.1.1 施工、监理单位应在工程开工前，根据合同承诺，在工程现场设立与工程内容相适应的工地试验室。

5.2.2.1.2 自建或租用房屋应符合本标准第5.2.1.1.3条的规定。

5.2.2.2 试验检测人员配备

工地试验室应综合考虑工程特点、工程量大小及工程复杂程度、工期要求等因素，配备试验检测人员，人员数量配备不应低于表3的规定。

表3 工地试验室人员配备

<table>
<tr><th rowspan="3">项次</th><th colspan="3">监理单位试验室</th><th colspan="3">施工单位试验室</th><th rowspan="3">要求</th></tr>
<tr><th rowspan="2">管辖合同段造价（万元）</th><th colspan="2">配备人员（人）</th><th rowspan="2">管辖合同段造价（万元）</th><th colspan="2">配备人员（人）</th></tr>
<tr><th>试验检测工程师</th><th>试验员</th><th>试验检测工程师</th><th>试验员</th></tr>
<tr><td>1</td><td>≤3 000</td><td>1</td><td>1～2</td><td>≤3 000</td><td>1～2</td><td>1～3</td><td rowspan="3">以上人员均应持有交通行业试验检测相应有效的资格证书</td></tr>
<tr><td>2</td><td>3 000～6 000</td><td>1～2</td><td>2～3</td><td>3 000～6 000</td><td>1～3</td><td>2～4</td></tr>
<tr><td>3</td><td>≥6 000</td><td>2～3</td><td>2～4</td><td>≥6 000</td><td>2～4</td><td>3～5</td></tr>
</table>

5.2.2.3　试验室面积及检测设备配置

5.2.2.3.1　设备配置应满足投标文件承诺的要求。

5.2.2.3.2　设备精度、量程等技术指标应满足试验规程的相关规定。

5.2.2.3.3　各功能室的面积及环境条件应满足试验检测需要，不应低于表4的规定，合同额小于或等于3 000万元（或工期在1年以内，含1年）的应至少保留土工室、水泥室、沥青室、化学室、标准养护室。

表4　工地试验室各功能室面积

功能室名称	配备标准(m^2)		要　求
	监理单位试验室	施工单位试验室	
土工室	10	10	应配置温度控制设备
集料室	10	10	应配置温度控制设备
样品室	15	15	应按照样品状态分区
水泥室	10	10	应配置温湿度控制设备
水泥混凝土室	15	15	应配置温湿度控制设备、完善排水设施
力学室	20	20	应配置温度控制设备
标准养护室	20	20	应配置温湿度控制设备、完善排水设施
沥青室	10	10	应配置温度控制设备
沥青混合料室	20	20	应配置温湿度控制、大功率排风设备
无机结合料室	10	10	应配置温度控制设备
检测设备室	10	10	
化学室	10	10	应配置温度控制设备
留样室	10	10	按照样品状态分区、配置温度控制设备
储藏室	10	10	应配置温度控制设备
办公室	20	20	应设置防暑降温、取暖设施
档案资料室	20	20	应通风、防止受潮

5.2.2.4　试验仪器设备安装

5.2.2.4.1　应按使用说明书或试验规程进行安装。

5.2.2.4.2　对基座有隔振要求的应设立不与其他建筑物直接相连的独立混凝土台座，周围存在振源时，应在地面与台座间设5mm厚橡胶垫。

5.2.2.4.3　压力机、万能材料试验机等力学设备应设置金属防护罩或安全防护网。

5.2.2.4.4　各功能室电源插头宜整齐布设且高出地面1.3m以上，操作台高度宜控制在75cm～80cm之间，台面宽度宜为60cm～65cm之间，台面应铺设黑色橡胶垫，操作台下应设带有白色柜门的储物柜。

5.2.2.5　仪器设备管理

5.2.2.5.1　建立仪器设备管理制度，完善仪器档案，并对仪器设备检定/校准、使用、维护保养、期间核查、移动等环节进行管理。

5.2.2.5.2　应编制仪器设备检定/校准计划，仪器设备经检定/校准或功能检验合格后方可投入使用。

5.2.2.5.3　仪器设备应实行标识管理，包括管理状态和使用状态两种标识。标识粘贴在设备正面的左上角、统一整齐,管理状态标识(仪器设备管理卡)应符合本标准附录 B 中 B.5 的规定。使用状态标识分为“合格”“准用”“停用”三种,分别用“绿”“黄”“红”三色标签进行标识。

5.2.2.5.4 使用仪器设备时应按要求填写《仪器设备使用记录》,仪器设备使用记录应悬挂在仪器设备对应墙面上,底边距离地面高度为 120cm。

5.2.2.5.5 定期对仪器设备进行维护保养,并填写维护保养记录。

5.2.2.5.6 仪器设备使用过程中应注意人身和设备安全,使用完毕应切断电源、清扫现场,保持仪器设备清洁。

5.2.2.5.7 化学试剂(危险品)存放地点应按有关规定设置与管理。

5.2.2.6 样品管理

5.2.2.6.1 建立样品管理制度,对样品的取样、运输、标识、流转、留样与处置等全过程实施控制和管理。

5.2.2.6.2 样品取样方法、数量应符合规范、规程要求,满足试验检测需要。在取样的同时应留存满足复验需要的样品,取样应具有代表性,并填写取样记录。

5.2.2.6.3 样品应进行唯一性标识,应符合本标准附录 B 中 B.5 的规定。

5.2.2.6.4 试验结束后,如无异议,工地试验室应按有关规定对试验样品进行处置,处置过程应符合安全和环保要求。样品的留存方法、数量和期限等应符合有关规定,留存样品应有留样记录。

5.2.2.7 档案资料管理

5.2.2.7.1 建立试验检测档案资料管理制度,专人负责,按照资料形成的先后顺序或项目完成情况与工程同步进行。

5.2.2.7.2 试验检测资料归档应按省级交通行政主管部门的规定执行,分类明确、齐整有序、签字齐全。

5.2.2.7.3 及时记录试验检测原始数据,原始记录统一用黑色水笔填写,应做到填写规范、字迹清晰。原始数据不得转抄或涂改,当记录或书写错误需更正时,应采用正确的“画改”方式,并在旁边填上正确数据,同时应有试验人员签字。

5.2.2.7.4 建立工程原材料进场检验、标准试验、现场抽样试验、工艺试验、验收试验、外委试验、检测不合格报告和试验检测报告汇总等台账。

5.2.2.8 外委管理

5.2.2.8.1 建立外委试验管理制度,超出母体检测机构授权范围的试验检测项目和参数应进行外委,施工单位外委试验应向监理单位报备,监理单位应向项目建设单位报备。

5.2.2.8.2 工地试验室应将外委试验检测机构的有关资质证书复印件存档备查。

5.2.2.8.3 外委试验取样、送样过程应进行见证。工地试验室应对外委试验结果进行确认。

5.2.2.9 其他要求

5.2.2.9.1 工地试验室应按照省级交通行政主管部门的有关规定,遵循科学、客观、严谨、公正的原则,独立开展试验检测活动。

5.2.2.9.2 施工、监理单位应根据合同承诺设立工地试验室,当工程规模过大时(土建标大于 15km、路面标大于 30km),应设立分试验室;施工合同额在 1 000 万元以下或距离母体检测机构 30km 以内的工程项目,不再单独设立工地试验室,应通过委托取得“等级证书”和“计量认证证书”的第三方试验检测机构承担该项目的试验检测工作。

5.2.2.9.3 同一合同段内施工、监理单位的工地试验室不得由同一家母体检测机构授权设立。

5.2.3 拌和站

5.2.3.1 场地建设

5.2.3.1.1 拌和站建设应综合考虑施工生产情况，合理划分拌和作业区、材料计量区、材料库、运输车辆停放区、试验区、集料堆放区及生活区，内设洗车池、污水沉淀池和排水系统。生活区应与其他区隔离，生活用房面积标准应符合表2的规定。

5.2.3.1.2 拌和站的场地面积应满足搅拌机组配置及产能、施工需求和工程进度要求，不低于表5的规定。

表5 拌和站建设

拌和站类型	场地面积(m^2)	每个拌和站搅拌机组最低配置
水泥混凝土拌和站	4 000 ~ 8 000	2台拌和机(每台至少有2个水泥罐、4个集料仓)
沥青混合料拌和站	6 000 ~ 10 000	1台拌和机(每台至少有1个沥青罐、5个集料仓)
水稳拌和站	3 000 ~ 5 000	1台拌和机(每台至少有2个水泥罐、4个集料仓)

注1：场地面积为拌和站(含备料场)面积；对于山岭重丘条件困难地区，面积可适当调减。
注2：场地面积、搅拌机组配置可结合施工进度要求、备料场大小等情况优化调整。

5.2.3.1.3 凡用于工程的砂石料应按不同粒径、不同品种分区存放，每区在醒目处设置材料标识牌，存放场分隔墙采用C20混凝土浇筑，高2m，厚37cm，确保不串料。每区应设置1m×1m标准样品池，墙厚采用12cm的砖砌结构。

5.2.3.1.4 水泥混凝土、路面面层储料场、路面基层储料场应设置防雨棚。防雨棚宜采用轻型结构，高度应满足机械设备操作空间(一般不宜小于7m)。

5.2.3.1.5 拌和机料仓上方应加设防雨棚。相邻料仓之间隔板应加高100cm，以防串料。

5.2.3.1.6 拌和机醒目位置应悬挂水泥混凝土、沥青混合料、水泥稳定粒料配合比标识牌，其设置与规格应符合本标准附录B中B.6的规定。

5.2.3.2 设备配置与安装

5.2.3.2.1 拌和站配置的拌和设备及拌和设备生产能力最低标准不低于表5和表6的规定。

表6 拌和设备生产能力

项目等级规模 (万元)	混凝土拌和机 生产能力(m^3/h)	水泥稳定粒料拌和机 生产能力(t/h)	沥青混合料拌和机 生产能力(t/h)
≤3 000	75	400	180
>3 000	90	600	240

注1：水泥混凝土、水泥稳定粒料应采用强制式拌和机，具备自动计量功能。
注2：沥青混合料采用间歇式拌和机，配备计算机及打印设备。

5.2.3.2.2 拌和站各罐体宜连接成整体，应安装缆风绳和避雷设施。

5.2.3.2.3 拌和站应根据拌和机的功率配备相应的备用发电机。

5.2.3.2.4 拌和站计量设备应通过计量部门标定，控制室应安装空调。

5.2.4 钢筋加工场

5.2.4.1 场地建设

5.2.4.1.1 钢筋加工场应合理设置原材料堆放区、钢筋下料区、加工制作区、半成品堆放区、成品待检区、合格成品区、废料处理区等,功能明确,标识清晰。

5.2.4.1.2 钢筋加工场应搭设防雨棚。防雨棚宜采用轻型结构,高度应满足加工设备操作空间。

5.2.4.1.3 个别桥梁、隧道、涵洞受地形、运输条件限制,应视实际情况采用简易钢筋加工棚。

5.2.4.1.4 加工制作区应配设各种型号的钢筋大样图板,其规格应符合本标准附录 D 中 D.2 的规定。

5.2.4.1.5 场地面积应根据钢筋(材)加工量、工期等要求设置,不低于表 7 的规定。

表 7 加工场规模及面积

规　模	加工总量(t)	加工场地最小面积(m^2)
大	≥3 000	1 500
小	<3 000	1 000

5.2.4.2 设备配置与安装

5.2.4.2.1 钢筋吊移宜采用龙门吊等专用吊装设备,设备应证照齐全、检验合格。

5.2.4.2.2 金属加工机械应设置专用工作台,应稳固可靠,防止受力倾斜。

5.2.4.2.3 一级公路新建工程或独立大桥,宜配置箍筋、弯起钢筋等数控加工设备,其他公路宜参照执行。

5.2.5 预制梁场

5.2.5.1 场地建设

5.2.5.1.1 预制梁场应合理设置办公区、生活区、构件加工区、制梁区、存梁区和废料处理区等,各区应功能明确,标识清晰。生活区应与其他区隔离,生活用房面积标准应符合表 2 的规定。

5.2.5.1.2 预制梁场建设规模和设备配备应与预制梁(板)的数量和生产工期相适应,不应低于表 8 的规定。

表 8 预制场规模和相关设备配备

序　号	内　容	要　求
1	钢筋棚	至少 1 座
2	台座数量	应与预制时间、数量相匹配
3	吊装设备	满足起吊吨位需要,至少 2 台
4	模板数量	不少于台座数量的 1/(4~6)
5	自动喷淋养生设施	每片梁板设喷管不得少于 3 条(顶部 1 条,侧面各 1 条),喷头间距 0.5m
6	必备的施工辅助设施	横隔板钢筋定位架、钢筋骨架定位架、横隔板底模支撑架
7	标准养生室	满足施工需要

5.2.5.1.3 预制梁场应设置蓄水池,保证施工用水水质和用水充足。

5.2.5.1.4 根据梁(板)养生时间及台座数量设置自动喷淋设施,在台座侧面应预先设置 ϕ8cm 的养生供水管、对接接头，以满足梁（板）养生要求。

5.2.5.1.5　预制梁（板）的台座宜用C30以上混凝土浇筑，上角用38mm×38mm×5mm的角钢包边，每隔3m加横向联结，台面用6mm～8mm厚的钢板通长铺面，钢板接缝采用焊接处理，并用抛光机磨平，吊装孔处采用插槽式活动抽拉板。台座横向做成水平，纵向按设计预设反拱。

5.2.5.1.6　梁体侧模、内模、端模钢板厚度应不小于6mm，刚度、强度应满足设计、规范要求。

5.2.5.1.7　用于存梁的枕梁应设在距梁（板）两端面50cm～80cm处，或按设计要求设置。支垫材质应采用承载力足够的非刚性材料，且不应污染梁底。

5.2.5.1.8　存梁台座承受荷载应满足空心板、箱梁和T梁最多存放层数要求，空心板叠层不应超过3层，箱梁和T梁叠层不应超过2层。

5.2.5.2　设备配置与安装

5.2.5.2.1　预制梁场的大型起重设备（如龙门吊），应经专业安全检查合格后方可使用。龙门吊应挂设备状态标识牌、安全标语、司机岗位职责等。龙门吊标识牌应符合本标准附录B中B.7的规定。

5.2.5.2.2　预制梁场张拉与压浆设备宜采用智能张拉与压浆技术。

5.2.5.2.3　配设梁（板）喷涂模具，梁体拆模后及时对梁（板）喷涂统一标识和编号，其设置应符合本标准附录B中B.8的规定。

5.2.5.2.4　预制梁场（T梁、箱梁）应配置上下钢斜梯。

5.2.5.2.5　预制台座、存梁台座设置间距应大于2倍模板宽度。预制梁场应配置梁体钢束张拉防护台座挡板，挡板采用厚6mm钢板，尺寸为200cm×150cm，挡板背面应喷涂安全警示标志。

5.2.5.2.6　配置钢筋骨架绑扎专用定位架和面板钢筋加工专用模具。

5.2.6　施工材料存放

5.2.6.1　砂、石料存放

5.2.6.1.1　用于实体工程的砂石料堆放应按本标准第5.2.3.1.3条的规定执行。

5.2.6.1.2　砂石料应进行材料的质量检验状态标识，其标识牌的规格应符合本标准附录B中B.4的规定。

5.2.6.2　钢材存放

5.2.6.2.1　钢筋、钢绞线、型钢等钢材应按不同钢种、等级、牌号、规格及生产厂家分类存放在仓库或防雨棚内，并挂牌标识，其标识牌的规格应符合本标准附录B中B.4的规定。地面应做硬化处理，并垫高不小于30cm。

5.2.6.2.2　钢筋存放场应设置不小于3m×12m的废料堆放区。

5.2.6.3　半成品、成品存放区

5.2.6.3.1　存放场地宜搭设半成品、成品存储棚库。

5.2.6.3.2　材料储存时应按使用、安装次序进行分类、分批存放，并按本标准附录B中B.4的规定做好标识，小件（散件）材料及配件宜存放于箱、盒内；易滑落的材料应捆绑牢固，堆放有序。

5.2.6.3.3　金属、木材及构配件等的底部应按规定垫高不少于30cm，并避免与酸碱等腐蚀性物质接触。

5.2.6.3.4　支座、锚具等主要成品材料应在室内存放。防水卷材及土工材料等应避免雨淋、日晒、受潮，注意通风，远离热源。

5.2.6.3.5　周转料具的存放应随拆、随整、随保养，码放整齐。大模板存放时，应有可靠的防倾倒措

施，不得靠在其他模板上或物件上。

5.2.6.4 袋装水泥、外加剂库房

5.2.6.4.1 库房内地面应进行硬化、防潮处理，水泥应架空，离墙（地）不应小于30cm。

5.2.6.4.2 袋装水泥应按品种、强度等级、生产日期分别堆放，水泥垛高不得超过10袋，并按本标准附录B中B.4的规定做好标识，先到先用，防止混掺使用。

5.2.6.4.3 外加剂应按不同批次、不同品种、不同生产日期分开存放，存放高度不应超过1.5m，液态外加剂应分罐存放，并按本标准附录B中B.4的规定做好标识。

5.2.6.5 火工品库

5.2.6.5.1 施工现场的火工品应储存在公安机关批准并验收合格的仓库内。

5.2.6.5.2 库房应设有专人管理，并制定火工品验收、发放、防火，安全保卫、交接班，出入库检查和登记，废爆炸物品销毁等制度。

5.2.6.5.3 库房应与居民区、工厂、公共建筑保持安全距离并隔离。炸药、雷管应分库设置，距离不应小于30m；库内应设置自动报警装置以及监控设施。

5.2.6.5.4 库房应具备通风、防爆照明和防静电措施，应符合防爆、防雷、防潮、防火、防鼠、防盗等要求。

5.2.6.5.5 库存量不得超过公安机关批准的容量。库内货架应牢固，距墙应不小于0.1m。库内堆放的物资距墙应不小于0.3m，垫高应不小于0.3m，放置雷管时应铺设胶质皮垫。

5.2.6.5.6 严禁在库房内住宿和进行有碍安全的活动，严禁携带易燃易爆品入库，无关人员禁止入内。

5.2.6.6 危险品库

5.2.6.6.1 氧气瓶、乙炔瓶应分开存放，间距不应小于5m。

5.2.6.6.2 剧毒、放射源等危险物品存放应符合防爆、防雷、防辐射、防潮、防火、防鼠、防盗等要求，且远离生活区。

5.2.6.7 油库

5.2.6.7.1 油库应制定安全管理、用火管理、外来人员登记等制度。

5.2.6.7.2 油库应划分消防区域，制订消防预案，设置消防砂池，配备消防工具和器材，并定期检查维护。

5.2.6.7.3 油罐应按设计规定装油，不得混装。夏季露天装轻质油料的油罐应有降温措施，周围应采用围墙或通透式围栏进行隔离。

5.2.6.7.4 露天存放的桶装油料，应隐蔽、遮盖，桶身应倾斜，单口朝上，双口在同一水平线上，防止雨水侵入，垛位四周应设排水沟。

5.2.6.7.5 油罐区内禁止存放危险品、爆炸品和其他易燃物品。

5.2.7 临时工程

5.2.7.1 临时用电

5.2.7.1.1 施工前应编制临时用电方案，制订安全用电和电气防火措施。

5.2.7.1.2 施工现场临时用电应采用TN-S接地、接零保护系统，采用三相五线制（三根火线，一根工作零线，一根保护零线）和三级配电三级保护方式（总控、分控、开关分设漏电保护）。

5.2.7.1.3 临时用电按照施工现场平面布置进行架设和管理电力线,动力和照明线应分开架设。

5.2.7.1.4 用电设备实行“一机、一闸、一漏、一箱”制,不得用一个开关直接控制两台及以上的用电设备;漏电保护器应符合国家现行标准的规定,并与用电设备相匹配。

5.2.7.1.5 配电系统需设置室内总配电箱和室外分配电箱,实行分级配电;总配电箱应设置在靠近电源的地方,分配电箱应设在用电设备或负荷相对集中的地方。

5.2.7.1.6 配电箱、开关箱应装设在干燥、通风及常温场所,并保证有足够两个人同时作业的空间,其周围不得堆放任何有碍操作、维修的物品。

5.2.7.1.7 进入现场的电气设备、固定吊装设备、钢梁梁体等可能因雷击或外壳带电造成人身伤害的设备、设施均应设线接地。

5.2.7.1.8 配电房(室)、变压器等固定电力设备均设安全防护屏障或网栅围栏,高度不低于2.5m,并按国家标准的有关规定设置明显的禁止、警告标志。

5.2.7.1.9 架空线应采用绝缘导线或电缆线,应架设在专用电杆上,严禁架设在树木、脚手架及其他设施上。

5.2.7.1.10 电力作业人员应持证上岗,正确穿戴、使用劳动防护用品。

5.2.7.1.11 雨季施工应增加用电设备巡视次数,做好用电设施防雨措施。

5.2.7.2 施工便道

5.2.7.2.1 施工便道的建设应根据地形条件和施工需求合理规划,便道路基宽度不应小于4.5m,路面宽度不应小于3m;每300m范围内应设置1个长度不小于20m、路面宽度不小于5.5m的错车道。

5.2.7.2.2 在急弯、陡坡处应视地形情况适当加宽便道,并进行硬化处理。

5.2.7.2.3 便道坡度:一般情况下不得大于8%,最大值不得大于10%;转弯半径:一般情况下不得小于20m,极限值不得小于15m。

5.2.7.2.4 便道路面宜采用砂石或泥结碎石。施工便道与干线公路交叉口宜硬化处理,便道两侧应设排水沟。

5.2.7.2.5 施工便道路口应设置限速标志,建筑物、城市道路转角、视线不良地段应设置预告标志,跨越(临近)道路施工应设置警告标志,道路危险段应设置防护及警告标牌。途经小桥应设置限载、限宽标志;途经通道应设置限宽、限高警告标志。路线明显变化处、便道平面交叉处,应设置指路和警告标志。

5.2.7.2.6 施工便道应在晴天进行洒水降尘。

5.2.7.3 施工便桥

5.2.7.3.1 便桥结构应按照实际情况专门设计,同时应满足行车和排洪要求。人行便桥桥面宽度不应小于2.5m,人车混行便桥桥面宽度不应小于4.5m。

5.2.7.3.2 便桥高度不应低于上年度最高洪水位,桥头应设置限高、限重、限速标牌,桥面两侧应设立间距为1.5 m~2.0m、高为1.2m的红白相间栏杆防护。

5.2.8 路基工程

5.2.8.1 挖方路基

5.2.8.1.1 路堑施工前应修建截水沟,截水沟应与排水系统顺接。截水沟与路堑顶边缘开挖线之间的植被应做好保护。

5.2.8.1.2 路堑开挖应按设计断面测量放样,宜采用机械或人工自上而下边开挖、边整形。人工清刷边坡时应系安全绳、安全带,戴安全帽,边坡下方设置安全警示牌;采用机械刷坡时应在机械作业周围设置安全警告警示标志,并应有专人指挥。安全警示牌设置应符合本标准附录 B 中 B.9 的规定,安全警告警示标志设置应符合本标准附录 E 的有关规定。

5.2.8.2 路基填筑

5.2.8.2.1 路堤施工前,地基表层应按设计断面宽度测量放线,并用石灰撒线标识;在标识线范围内按规定做好清理基底工作,并按设计要求进行整平压实。

5.2.8.2.2 填方路堤应按路床平行面分层控制填土高程;填筑过程中靠边缘处应插杆挂线,中间位置应设置厚度控制墩。

5.2.8.2.3 路基填筑应水平分层施工,每填筑层应画格卸料,用推土机依据厚度控制墩摊铺粗平,采用平地机精细整平,检查松铺厚度、路拱符合要求后方可碾压,碾压应达到规定遍数和压实度。

5.2.8.2.4 路基填筑时应在两侧边坡设置临时排水沟进行排水,每道排水沟间距 100m,尺寸为 40cm × 20cm,排水沟表面应铺土工布,两侧各伸出沟外 10cm,纵向搭接应不小于 30cm,也可采用水泥砂浆抹面,防止冲刷路基。

5.2.8.2.5 大于 8m 的高填方路基,作业区应实行封闭管理,设置安全警示标志,由专人负责统一指挥。

5.2.8.3 结构物工程

5.2.8.3.1 砌体工程的砌筑应立杆或样板挂线,砌体应直顺、表面平整、勾缝平顺。

5.2.8.3.2 在距地面 2m 及以上的高处或高边坡坡面上从事砌筑、撬石、运料等作业时,应搭设脚手架及作业平台并设防护网防护,高处临边防护和脚手架搭设应符合本标准第 5.1.2.8 和 5.1.2.9 条的有关规定。

5.2.8.3.3 结构物台背应分层填筑,每层最大松铺厚度不应大于 20cm。在结构物墙身左、中、右位置,用红、白油漆相间画出每层压实厚度控制标线,并标注层位编号。

5.2.8.3.4 小桥、涵洞、挡土墙等工程完工后,应在明显部位标识桩号及结构名称。字体为小二号宋体,白底红字。

5.2.9 路面工程

5.2.9.1 路面基层(底基层)

5.2.9.1.1 水泥稳定粒料装车时,车辆应前后移动,分 3 次装料,装车后采用苫布覆盖,并及时运送到摊铺现场。

5.2.9.1.2 水泥稳定粒料基层(底基层)摊铺前,施工作业区两侧应采用与压实层等厚的 U 形钢模板作侧模,每间隔 2m 用钢管支撑牢固。

5.2.9.1.3 等候卸料的水泥稳定粒料运输车多于 5 辆后开始摊铺,并保持连续摊铺。

5.2.9.1.4 水泥稳定粒料摊铺时宜采用单机摊铺,当选用两台摊铺机梯队作业时,选用的两台摊铺机应型号相同、性能相近,摊铺速度宜控制在 1.5m/min ~ 2.0m/min,前后两台重叠 5cm ~ 10cm,且前后相距 10m ~ 15m,中缝可用人工修整。

5.2.9.1.5 水泥稳定粒料基层(底基层)碾压完成后,应用土工布或毡布覆盖养生,接头处重叠 10cm ~ 15cm,覆盖后宜每间隔 2m 用编织袋装砂压住。养生期间基层应始终处于潮湿状态,养生时间不应少于 7d。养生期间除洒水车外,应封闭交通,禁止车辆行驶。

5.2.9.2 沥青混合料面层

5.2.9.2.1 拌和机或储料仓向运料车放料时,料车应"前、后、中"移动,分 3 ~ 5 次装料。

5.2.9.2.2 运料车应采用厚苫布覆盖严密,苫布至少下挂到车厢板的一半;卸料过程中仍继续覆盖直到卸料结束。

5.2.9.2.3 摊铺机前方等候卸料车辆数量应符合本标准第5.2.9.1.3条的规定。

5.2.9.2.4 采用数字显示插入式热电偶温度计检测沥青混合料的出厂温度和现场温度,温度计插入深度应大于150mm。在运料车侧面中部应设专用检测孔,孔口距车厢底面高度约为300mm。

5.2.9.2.5 沥青混合料的摊铺应符合本标准第5.2.9.1.4条的规定。

5.2.9.2.6 沥青路面碾压现场设专人对碾压温度、碾压工艺进行管理和检查,起始点应有标识牌,分别采用红、黄、绿三色彩旗表示初压区、复压区、终压区。

5.2.9.2.7 当天碾压成型的沥青路面面层不得停放任何机械设备和车辆,铺筑作业完成后,路面摊铺、碾压设备应靠边停放,周围应设置明显的安全标志,正对行车方向应提前200m设临时交通管制设施,引导车辆绕行。

5.2.9.3 水泥混凝土路面

5.2.9.3.1 水泥混凝土运输车车厢应不漏浆,数量应满足最快施工进度不停工待料的要求。

5.2.9.3.2 水泥混凝土面层应采用滑模摊铺机摊铺;条件受限时,宜采用三辊轴机组进行摊铺;摊铺不到的位置应采用小型机具铺筑。桥面混凝土调平层铺装、隧道混凝土路面面层宜参照执行。

5.2.10 桥梁工程

5.2.10.1 基础及下部构造

5.2.10.1.1 桩基机械作业区域应平整坚实,水上作业平台应搭设牢固,设备安装稳固。施工前划定作业区并设立警示标志。应在桩基础施工现场明显位置设置桩基标识牌,其规格应符合本标准附录B中B.10的规定。

5.2.10.1.2 钻孔桩施工应设置泥浆循环系统,制浆池、储浆池和沉淀池应分开设置,并在周围临边设置安全防护栏杆,防护栏杆设置应符合本标准第5.1.2.8条的规定。

5.2.10.1.3 挖孔桩孔内应有照明、通风、排气设施,应设置上下爬梯,并配备应急软梯。

5.2.10.1.4 挖孔桩孔口周边1.5m范围内的平台应进行环形硬化,孔口设宽度不小于30cm环台,高度应高于地表30cm以上。孔口周围应设置警示标志,停止作业时,孔口应加盖钢筋网防护并派专人看护。

5.2.10.1.5 水中的筑岛在工程完成后,应及时将填筑土挖掘清除,并运至指定地点堆放。

5.2.10.1.6 采取泥浆护壁进行钻孔桩施工时,应采取措施防止泥浆外溢,废弃的泥浆应集中处理。

5.2.10.1.7 深基坑开挖,距基坑边缘不小于1m处,应设立钢管护栏,挂密目式安全网,在靠近道路一侧,应设置安全警示标志和夜间警示灯带。

5.2.10.1.8 运至现场的钢筋骨架,每节均应按本标准附录B中B.4的规定设置半成品标识牌。

5.2.10.1.9 模板在加工场预拼装、检查合格后,应校对模板标识、检验状态、使用部位、报告编号,并在模板上标注中心线和控制基准线等标记。

5.2.10.1.10 每个墩、台或柱施工完成后,应在靠近施工便道一侧同一水平位置喷涂编号,编号沿路线前进方向自起点桥台、墩身到终点桥台,从0开始,1,2,3……连续进行编号。墩、台或柱身上编号的外圆圈直径应为40cm,白底红圈红字,中文字体为印刷黑体,规格为15cm×10cm,采用反光贴纸粘贴。

5.2.10.1.11 立柱拆模后,宜采用塑料薄膜包裹和墩顶滴灌等方式进行养护。混凝土的保湿养护时间不应少于7d。盖梁侧模拆除前,其顶面宜采用浸水土工布覆盖养护,侧模拆除后,宜采用滴灌养护。

5.2.10.1.12 高墩(台)或盖梁施工搭设脚手架及作业平台应牢固,不得与模板及其支撑体系连接,高处临边防护设置安全防护栏杆应符合本标准第5.1.2.8条的规定。

5.2.10.2 上部构造

5.2.10.2.1 梁(板)安装前应对拟安装的预制梁(板)逐片进行检查,重点是疏通通气孔、泄水孔,清理箱内废旧模板等垃圾,同时应核对编号,并在盖梁顶面弹墨线确定安装位置。

5.2.10.2.2 梁体运输,预制梁(板)两端应支撑牢固,用钢丝绳或手拉葫芦绑紧固定;运梁平板拖车速度宜小于5km/h,牵引车上应悬挂安全标志,并配有专人专车引路清障。

5.2.10.2.3 梁(板)安装及架桥机移动过孔期间,作业区域下方应设警戒区;预制梁(板)的起吊、纵向移动、横向移动及就位等,应统一指挥、协调一致,按预定的梁(板)先后、排列顺序进行安装。

5.2.10.2.4 支架上现浇箱梁,应在现浇梁支架的两侧设工作平台,边侧应搭设高度不小于120cm的安全防护栏,侧面应满挂密目式安全网。梁翼缘下的支架上应铺脚手板,并应与支架连成整体,脚手板端头应设置栏杆和安全网。

5.2.10.2.5 根据施工实际和现浇梁的高度,选用施工人员登高设施和塔吊等提升设备。

5.2.10.2.6 现浇箱梁顶板预留洞口应设防护盖板,当预留孔洞作为专用通道口时,应设置上下钢斜梯,孔口应设置防护栏杆。

5.2.10.2.7 现浇箱梁支架跨越道路施工时,在支架中设行车通道的,行车道两侧的支架应设置防撞设施,两端应有专人指挥交通。通道顶部宜设置一层隔离设施,侧面挂设安全防护屏。通道口顶部应设置限高、减速、通行标志,夜间施工应设置警示灯。

5.2.10.2.8 现浇箱梁支架的搭设和拆除过程中,地面应设围栏和安全警示标志,应派专人值守。

5.2.10.3 桥面系及附属工程

5.2.10.3.1 桥面系施工区域与外界应用隔离栅栏或围挡进行封闭并派人看守。

5.2.10.3.2 桥面铺设前,两侧应设防护栏杆;跨越桥面梁(板)中央分隔带临空处,应设置专用人行通道;端(中)横梁施工时,临边应设置防护栏杆;梁板间隙(湿接缝)位置处应满铺脚手板,脚手板宜采用毛竹片或木板。

5.2.10.3.3 桥面各类洞口与坑槽处,应设置防护栏杆或盖板,夜间应设红灯警示,并设有照明设施。

5.2.10.3.4 现浇桥面混凝土调平层施工过程中,应采用短节钢筋对已绑扎好的钢筋网片呈梅花形支垫,并利用两侧已浇筑的标准带,控制钢筋网片顶面的高程。

5.2.10.3.5 跨通行道路施工时,桥下严禁人员、车辆及施工设备停留或通过,并在中央分隔带上方设置临空防护设施,确需通行的应在桥下设防落物天棚。

5.2.10.3.6 伸缩缝材料应放置在封闭区内,并设置安全警示标志;伸缩装置施工时,应封闭交通,在开槽作业区两端应设置路栏;单幅封闭施工时,在桥面两端应设置移动铁栅栏。

5.2.11 隧道工程

5.2.11.1 洞口工程

5.2.11.1.1 施工准备阶段应完成架设供电线路、修筑施工便道、铺设供水管路,硬化洞口地面、道路。架设供电线路、修筑施工便道应符合本标准第5.2.7.1、5.2.7.2条的有关规定。

5.2.11.1.2 隧道洞顶截水沟至仰坡刷坡线范围内的植被禁止砍伐破坏,洞口开挖区或周围应设置安全围栏、防护网和人员上下梯道。

5.2.11.1.3 隧道洞口处应设置值班室(面积不宜小于4m^2),并安排专人值守,门口应挂有“进出洞请登记”“值班室”等明显标识。建立进洞人员、设备登记制度,值班室内悬挂“值班制度”牌,尺寸为80cm×60cm,蓝底白字。洞口配置视频监控设施。

5.2.11.1.4 隧道洞口上方应设置隧道名称标牌;洞口设置安全进洞、进洞须知等宣传标志;洞口边坡或仰坡上设置质量、安全宣传标语。

5.2.11.2　**洞内工程**

5.2.11.2.1　洞内施工道路路面应平整、无积水、畅通。

5.2.11.2.2　洞内临时排水应在两侧距边墙 1m 处开挖排水沟，排水沟为梯形，上宽 60cm，下宽 40cm，深 60cm。

5.2.11.2.3　施工期间“三管两线” 应架设、安装顺直、整齐。三相五线电力线路应靠左侧边墙距地面 2.5m 及以上架设，右侧边墙安装高压风、水管道距地面 0.4m，通风管道靠右边墙悬挂高度距地面 3.5m，高压电缆靠左边墙距地面 3.5m 及以上位置架设。

5.2.11.2.4　洞内施工照明电线敷设应整齐划一，开挖段每 6m ~ 8m 设一个固定灯，成洞段每 10m ~ 15m 设一个固定灯，距离掌子面 40m 内若无敷设线应配备移动式照明灯具；潮湿及渗漏水时应使用防水灯具；在有瓦斯的隧道内，供电照明及其他电气设备应具备防爆功能。

5.2.11.2.5　施工现场通风管路应敷设平顺、接头严密，无扭曲、褶皱、漏风，并有专人负责检查、养护。

5.2.11.2.6　双向开挖隧道的贯通宜选择在围岩较好的地段。双向开挖距离接近时，两端施工应加强联系、统一指挥；两开挖面的间距剩下 15m ~ 30m 时，应改为单向开挖，并在安全距离处设立警告标志。对采用单向开挖的隧道，出洞前应反向开挖不小于 30m 或不小于洞口超前管棚长度。

5.2.11.2.7　运输车辆不得人料混装，洞内运输车辆应限速行驶，倒车与转向时应开启车灯、鸣笛；洞口、平交道口和狭窄的施工现场，应设置“缓行”标志，必要时宜安排专人指挥交通。

5.2.11.2.8　喷射混凝土作业应埋设标志或利用锚杆外露长度控制喷射混凝土的厚度。

5.2.11.2.9　铺挂防水板宜采用专用台车，防水板松弛率一般环向取 10%、纵向取 6%；根据初期支护表面平整程度可适当调整。

5.2.11.2.10　钢架应分节段制作，每节段长度应根据设计尺寸及开挖方法确定，不宜大于 4m。每片节段应编号，并注明安装位置。

5.2.11.2.11　钢架应按设计架设，拱架安装位置应采用红油漆进行标注，并编写号码。衬砌钢筋安装应设临时支撑，临时支撑应牢固可靠并设有醒目的安全警示标志。

5.2.11.2.12　衬砌台车应在环向 3m、5.3m、拱顶处设置作业窗，作业窗口间距纵向不宜大于 3m，横向不宜大于 2.5m，窗口尺寸为 50cm × 50cm，且应整齐划一；作业窗周边应加设牢固，窗门应平整、严密、不漏浆。

5.2.11.2.13　已完成衬砌的段落，应在墙壁同侧同一水平位置喷涂里程桩号，形状为长方形，尺寸为 10cm × 20cm，白底红字，字体为宋体。监控测量的各预埋点应设置专用标识，标明测点的名称、部位、编号、预埋日期等。

5.2.11.2.14　衬砌台车及所有作业台架上应设安全防护栏杆和上下钢斜梯，安装防护彩灯和反光标识，配置消防器材、应急照明装置，并在明显处设置警告警示标志。

5.2.11.2.15　洞内作业人员应穿反光背心，戴反光安全帽。钻爆、施喷作业人员还应佩戴防尘口罩。

5.2.11.2.16　施工设备应设反光标识，成洞段每隔 20m 应在两侧边墙离地 1.2m 处设置反光标识。

5.2.11.2.17　软弱围岩隧道开挖掌子面至二次衬砌之间应设置逃生通道，随开挖进尺前移，逃生通道距离开挖掌子面不得大于 20m；逃生通道的刚度、强度及抗冲击能力应满足安全要求，逃生通道内径不宜小于 0.8m。

5.2.11.2.18　隧道施工应采取综合防尘、防毒措施，定期检查粉尘及有害气体浓度。

5.2.11.2.19　洞内配备移动式沟槽辅料车，收集临时辅料，保持洞内清洁。

5.2.11.2.20　隧道施工期间各施工作业面应安装应急照明装置及报警系统装置。

5.2.12 交通安全工程

5.2.12.1 交通标志

5.2.12.1.1 标志基础施工应在标志线范围进行开挖,并采取措施避免污染路面。

5.2.12.1.2 立柱安装时,应逐一进行编号登记,并在立柱上用红漆喷涂编号。

5.2.12.1.3 立柱或标志牌安装时,吊装作业应设警戒区,警戒区不得小于起吊物坠落影响范围,警戒区应设置安全警示标志。

5.2.12.1.4 标志安装完毕后,应清理施工作业区,恢复路面整洁。

5.2.12.1.5 里程碑、百米桩、公路界桩应按实际里程准确定位和设置。

5.2.12.2 交通标线

5.2.12.2.1 路面标线应在喷涂下涂剂前清除路面上的泥土、松动颗粒等杂物。热熔作业时,作业人员应穿着防护服,佩戴护目眼镜、防护手套和防有机气体口罩。

5.2.12.2.2 在降雨天、道路潮湿时不应安装突起路标。

5.2.12.2.3 在通车路上施工或夜间作业时,采取的限速、导流及渠化等措施应符合本标准第5.1.2.11条的规定。

5.2.12.3 安全防护设施

5.2.12.3.1 波形梁护栏施工时,立柱安装应与设计文件相符,并与公路线形协调。

5.2.12.3.2 波形梁护栏防阻块、托架应通过连接螺栓固定于护栏板和立柱之间,在拧紧连接螺栓前应调整防阻块、托架使其准确就位。

5.2.12.3.3 波形梁护栏板应通过拼接螺栓相互连接成纵向横梁,并由连接螺栓固定于防阻块、托架或横隔梁上,护栏板拼接方向应与行车方向一致。

5.2.12.3.4 混凝土护栏施工时,基础应在标志线范围内进行开挖,待基础检验合格,根据放样设置的护栏内边线进行护栏模板安装,模板应采用整体式钢模,长度宜为2m~2.5m;安装应按模板试拼的编号进行。混凝土护栏施工应控制伸缩缝与水平面垂直。

5.2.12.3.5 在通车路上施工作业时,采取的限速、导流及渠化等措施应符合本标准第5.1.2.11条的规定。

附　录　A
（资料性附录）
制度建设

A.1　一般规定

A.1.1　各参建单位应结合普通干线公路建设标准化制定相应的制度和措施。
A.1.2　参建单位进场前应对普通干线公路建设标准化进行宣贯培训。

A.2　政府监督部门

A.2.1　省辖市、省管县（市）交通行政主管部门应按照有关规定，制定普通干线公路建设标准化的配套制度，并监督、检查。
A.2.2　普通干线公路建设标准化评比结果宜纳入信用评价考核体系。
A.2.3　质量监督机构应建立质量安全监督工作制度，建立与普通干线公路建设标准化相结合的质量安全监督体系。

A.3　建设单位

A.3.1　建立普通干线公路建设标准化评比考核制度，制订奖罚措施，并组织达标验收。
A.3.2　宜采用有利于普通干线公路标准化建设的大标段招标方式，普通干线公路建设标准化要求应纳入招标文件。评标办法与合同条款应将普通干线公路建设标准化要求作为评标与计量的条件。

A.4　监理单位

A.4.1　制订项目监理机构的普通干线公路建设标准化实施方案。
A.4.2　普通干线公路建设标准化管理要求应纳入监理计划。
A.4.3　项目监理机构应按照普通干线公路建设标准化实施方案和合同要求进行驻地和工地试验室标准化建设，监督检查施工单位驻地、工地试验室、场站、施工现场等的标准化建设。

A.5　施工单位

A.5.1　制订施工单位的普通干线公路建设标准化实施方案。
A.5.2　施工单位应将普通干线公路建设标准化管理要求纳入施工质量、安全保证体系。
A.5.3　施工单位应按照普通干线公路建设标准化实施方案和合同要求进行驻地、工地试验室、场站、施工现场等的标准化建设，组织实施标准化的施工工艺流程。

附 录 B
（规范性附录）
施工现场标识标牌设置

B.1 指路牌

进入驻地、拌和站、预制梁场附近应设置指路牌，如图 B.1 所示，尺寸为 150cm×200cm，蓝底白字，中文字体为宋体，铝板制作。铝板底距地面高度为 180cm，圆管直径为 70mm。

单位为厘米

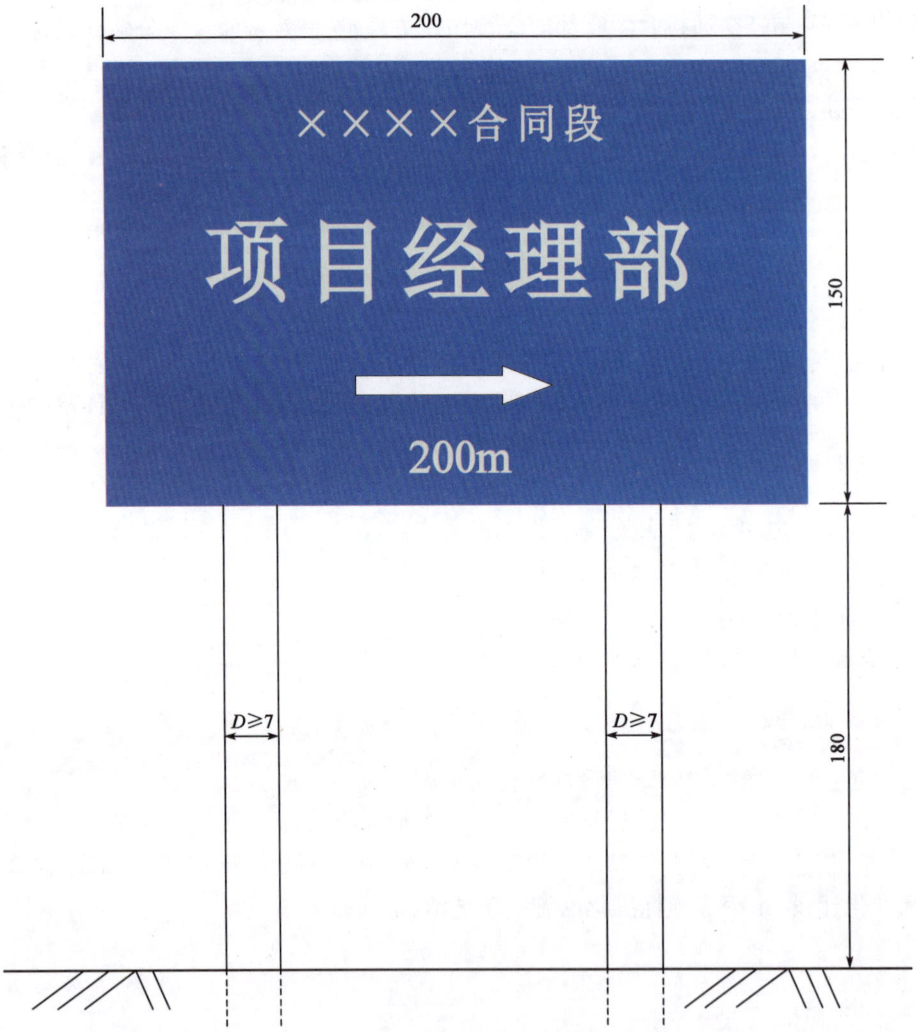

图 B.1 指路牌

B.2 合同段标识牌

在合同段起点、终点路肩边缘处设置合同段的标识牌，如图 B.2 所示，尺寸为 150cm ×240cm，蓝底白字，中文字体为宋体，铝板制作。铝板底距地面高度为 120cm，圆管直径为 70mm。

单位为厘米

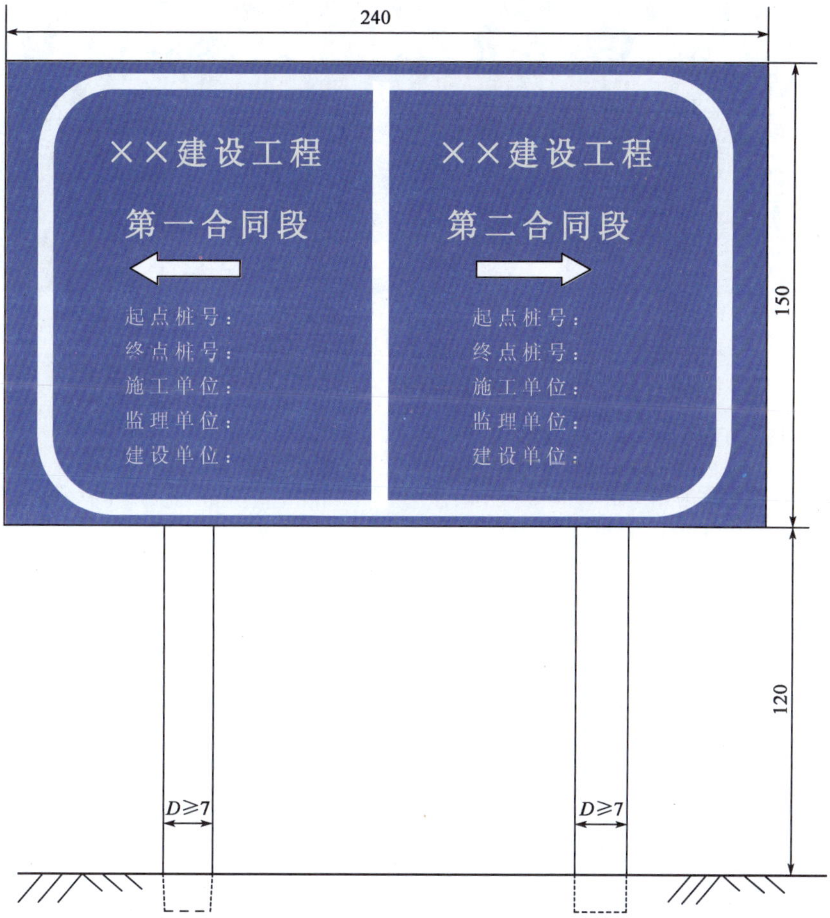

图 B.2　合同段标识牌

B.3　机械设备标识牌

机械设备标识牌如图 B.3 所示，尺寸为 14cm ×20cm，蓝底白字，中文字体为宋体。

机械设备标识牌			
设备名称		编　　号	
规格型号		操作司机	
机修负责人		电气负责人	
进场日期		状　　态	

图 B.3　机械设备标识牌

B.4　材料、(半)成品材料标识牌

现场各种材料应按照类别堆放整齐，在堆放区设置标识牌，如图 B.4 所示，尺寸为 60cm ×50cm，蓝底白字，中文字体为宋体，铝板制作。

材料标识牌			
材料名称		产地/厂家	
规格型号		批　　号	
进场日期		进场数量	
使用部位		检验状态	

（半）成品材料标识牌			
材料名称		产地/厂家	
规格型号		批　　号	
进场日期		进场数量	
使用部位		检验状态	

图 **B.4**　材料、(半)成品材料标识牌

B.5　仪器设备管理卡和样品标识

管理状态标识(仪器设备管理卡)如图 B.5 所示,尺寸为 85mm × 55mm,蓝底白字,字体为宋体。

样品标识如图 B.6 所示,尺寸为 120mm × 80mm,蓝底白字,字体为宋体。

仪器设备管理卡			
设备名称			
设备编号/管理编号		规程/型号	
出厂编号		生产厂家	
购置日期		管理人员	

图 **B.5**　仪器设备管理卡

样品标识

样品名称:＿＿＿＿＿　样品编号:＿＿＿＿＿

规格型号:＿＿＿＿＿　取样日期:＿＿＿＿＿

流转状态:□待检　□在检　□已检

图 **B.6**　样品标识

B.6　配合比标识牌

在拌和机醒目位置应悬挂水泥混凝土、沥青混合料、水泥稳定粒料配合比标识牌,如图 B.7 所示,尺寸为 120cm × 240cm,蓝底白字,中文字体为宋体,铝板制作。

配合比标识牌							
工程名称				施工单位			
混合料类型				施工里程			
施工部位				施工日期			
原材料	材料名称	水泥/沥青	粗集料	细集料	水	外加剂	掺合料
	生产厂家						
	规格型号						
	含水率（%）						
	检验状态						
理论（目标）配合比							
施工（生产）配合比							
每立方米材料用量（kg）							
每盘材料用量（kg）							
施工负责人：			技术负责人：			试验负责人：	

图 B.7　配合比标识牌

B.7　龙门吊标识牌

龙门吊应挂设龙门吊标识牌，如图 B.8 所示，尺寸为 50cm × 60cm，蓝底白字，中文字体为宋体，铝板制作。

龙门吊标识牌			
设备名称		产地/厂家	
规格型号		检验状态	
操作人员		安全人员	
本次鉴定日期		下次鉴定日期	

图 B.8　龙门吊标识牌

B.8　梁（板）喷涂标识

预制梁（板）拆模后，应在梁（板）侧面喷涂标识，如图 B.9 所示，尺寸为 48cm × 96cm，中文字体为印刷黑体，采用红色油漆标识于里程前进方向梁体端部外侧。

B.9　安全警示牌

机械出入场所、施工现场出入口应设置安全警示牌，如图 B.10 所示，其规格尺寸应根据场地规模进行调整。

桥　　名：
梁板编号：
浇筑日期：　　　　年　　月　　日
张拉日期：　　　　年　　月　　日
压浆日期：　　　　年　　月　　日
施工单位：
监理单位：

图 **B.9**　梁(板)喷涂标识

图 **B.10**　安全警示牌

B.10　桩基标识牌

桩基施工时，靠施工便道一侧距桩位 3m 处应设置桩基标识牌，如图 B.11 所示，高度距地面为 120cm，尺寸为 40cm×60cm，蓝底白字，字体为宋体，铝板制作。

桩基标识牌			
桥梁名称		设计桩顶高程	
桩基编号		设计桩底高程	
桩　径		桩　长	
护筒顶面高程		孔　深	
桩基形式		质检负责人	

图 **B.11**　桩基标识牌

B.11　消防安全标识牌、消防安全器材

在施工现场适当位置应设置临时室外消防水池和消防砂池，配置相应的消防安全标识牌和消防安全器材，如图 B.12 所示。

a)　　　　b)

图 B.12　消防安全标识牌、消防安全器材

附　录　C
（规范性附录）
驻地标识标牌设置

C.1　驻地标识标牌

建设单位驻地标识标牌应符合表 C.1 的规定，监理单位驻地标识标牌应符合表 C.2 的规定，施工单位驻地标识标牌应符合表 C.3 的规定，工地试验室标识标牌应符合表 C.4 的规定。

表 C.1　建设单位驻地标识标牌标准

标识名称	尺寸（长×宽，cm）	材质要求	颜色、字体要求	标识内容及要求	设置位置
项目名称牌	240×35（竖牌）	木质	白底黑字宋体加粗	项目名称及单位名称	驻地大门
党工委名称牌	240×35（竖牌）	木质	白底红字宋体加粗	—	驻地大门
办公室门牌	28×10	砖混结构房屋的材质要求使用钢化玻璃；板房的材质要求使用铝板或亚克力板	白底红字宋体加粗	—	各办公室门墙上
宿舍门牌	28×10		白底红字宋体加粗	—	各宿舍门墙上
监理管理制度牌（含职责牌）	120×80		蓝底白字宋体加粗	岗位职责、管理制度，要求在牌底部有单位名称	办公室（岗位职责）、会议室（管理制度）
廉政监督牌	120×80		蓝底白字宋体加粗	廉政制度、领导小组、监督小组及监督电话	会议室
工程简介牌	120×80		蓝底白字宋体加粗	—	会议室
安全、环保保证体系	120×80		蓝底白字宋体加粗	—	会议室
质量保证体系	120×80		蓝底白字宋体加粗	—	会议室
消防保卫牌	120×80		蓝底白字宋体加粗	底部应标有火警电话 119	会议室
项目平面图	120×240		蓝底白字宋体加粗	—	会议室
宣传栏	120×240（单窗）	铝板	—	可设置多窗	驻地院内
指路牌	150×200	铝板	蓝底白字宋体加粗	在底部绘制白箭头	驻地附近
注：各标识标牌的尺寸、设置位置应根据各项目的实际情况按比例进行调整，室内标识牌的高度应一致，宽度成倍增加。蓝色的代码为 C100，Y60。					

表 C.2　监理单位驻地标识标牌标准

标识名称	尺寸(长×宽,cm)	材质要求	颜色、字体要求	标识内容及要求	设置位置
项目名称牌	240×35(竖牌)	木质	白底黑字宋体加粗	项目名称及单位名称	驻地大门
党工委名称牌	240×35(竖牌)	木质	白底红字宋体加粗	—	驻地大门
办公室门牌	28×10	砖混结构房屋的材质要求使用钢化玻璃;板房的材质要求使用铝板或亚克力板	白底红字宋体加粗	—	各办公室门墙上
宿舍门牌	28×10		白底红字宋体加粗	—	各宿舍门墙上
监理管理制度牌(含职责牌)	120×80		蓝底白字宋体加粗	岗位职责、管理制度,要求在牌底部有单位名称	办公室(岗位职责)、会议室(管理制度)
廉政监督牌	120×80		蓝底白字宋体加粗	廉政制度、领导小组、监督小组及监督电话	会议室
工程简介牌	120×80		蓝底白字宋体加粗	—	会议室
组织机构框图	120×80		蓝底白字宋体加粗	—	会议室
安全、环保保证体系	120×80		蓝底白字宋体加粗	—	会议室
质量保证体系	120×80		蓝底白字宋体加粗	—	会议室
消防保卫牌	120×80		蓝底白字宋体加粗	底部应标有火警电话119	会议室
施工平面图	120×240		蓝底白字宋体加粗	—	会议室
××工程项目施工进度图	120×240		蓝底白字宋体加粗	—	会议室
晴雨表	120×80		蓝底白字宋体加粗	—	会议室
宣传栏	120×240(单窗)	铝板	—	可设置多窗	驻地院内
指路牌	150×200	铝板	蓝底白字宋体加粗	在底部绘制白箭头	驻地附近

注:各标识标牌的尺寸、设置位置应根据各项目的实际情况按比例进行调整,室内标识牌的高度应一致,宽度成倍增加。蓝色的代码为C100,Y60。

表 C.3　施工单位驻地标识标牌标准

标识名称	尺寸（长×宽，cm）	材质要求	颜色、字体要求	标识内容及要求	设置位置
项目名称牌	240×35（竖牌）	木质	白底黑字宋体加粗	项目名称及单位名称	驻地大门
党工委名称牌	240×35（竖牌）	木质	白底红字宋体加粗	—	驻地大门
办公室门牌	28×10	砖混结构房屋的材质要求使用钢化玻璃；板房的材质要求使用铝板或亚克力板	白底红字宋体加粗	—	各办公室门墙上
宿舍门牌	28×10		白底红字宋体加粗	—	各宿舍门墙上
项目管理制度牌（含职责牌）	120×80		蓝底白字宋体加粗	岗位职责、管理制度，要求在牌底部有单位名称	办公室（岗位职责）、会议室（管理制度）
廉政监督牌	120×80		蓝底白字宋体加粗	廉政制度、领导小组、监督小组及监督电话	会议室
工程简介牌	120×80		蓝底白字宋体加粗	—	会议室
组织机构框图	120×80		蓝底白字宋体加粗	—	会议室
安全、环保保证体系	120×80		蓝底白字宋体加粗	—	会议室
质量保证体系	120×80		蓝底白字宋体加粗	—	会议室
文明施工牌	120×80		蓝底白字宋体加粗	—	会议室
消防保卫牌	120×80		蓝底白字宋体加粗	底部应标有火警电话119	会议室
施工平面图	120×240		蓝底白字宋体加粗	—	会议室
工程立体效果图	120×240		白底彩图	—	会议室
××工程项目施工进度图	120×240		蓝底白字宋体加粗	—	会议室
晴雨表	120×80		蓝底白字宋体加粗	—	会议室
宣传栏	120×240（单窗）	铝板	—	可设置多窗	驻地院内
指路牌	150×200	铝板	蓝底白字宋体加粗	在底部绘制白箭头	驻地附近

注：各标识标牌的尺寸、设置位置应根据各项目的实际情况按比例进行调整，室内标识牌的高度应一致，宽度成倍增加。蓝色的代码为C100，Y60。

表 C.4　工地试验室标识标牌标准

标识名称	尺寸(长×宽,cm)	材质要求	颜色、字体要求	标识内容及要求	设置位置
工地试验室标识牌	80×60(横牌)	铜质	金底黑字宋体加粗	母体试验检测机构名称+建设项目合同段名称+工地试验室	驻地大门
办公室门牌	28×10	砖混结构房屋的材质要求使用钢化玻璃;板房的材质要求使用铝板或亚克力板	白底红字宋体加粗	—	各室门墙上
宿舍门牌	28×10		白底红字宋体加粗	—	各宿舍门墙上
管理制度牌	80×60		蓝底白字宋体加粗	岗位职责、管理制度、要求在牌底有单位名称	办公室、会议室
试验操作规程牌	80×60		蓝底白字宋体加粗	—	各仪器设备上方
消防保卫牌	120×80		蓝底白字宋体加粗	底部应标有火警电话119	会议室或驻地院内

注:各标识标牌的尺寸、设置位置应根据各项目的实际情况按比例进行调整,室内标识牌的高度应一致,宽度成倍增加。蓝色的代码为 C100,Y60。

C.2　自建活动板房

自建活动板房窗户采用塑钢推拉窗,单层玻璃;门采用蓝色通用彩钢复合板门;房顶采用蓝色彩钢瓦;走廊净宽度不应小于 1.3m。其效果如图 C.1 所示。

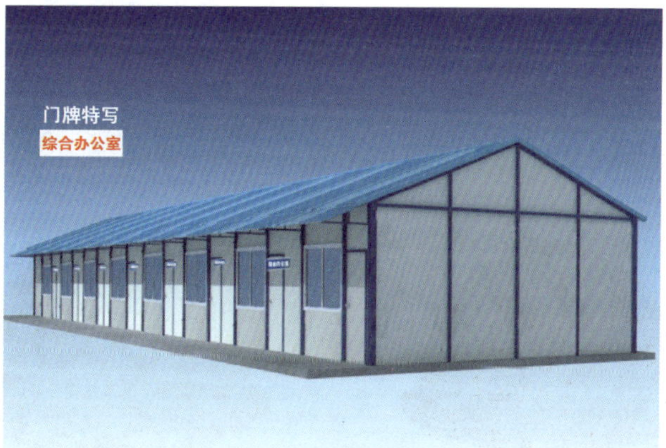

图 C.1　自建活动板房效果图

C.3　"公路路徽"设置图例

室内上墙图表应在左上角设置"公路路徽"标志和"河南公路"字样,其中"公路路徽"标志直径为 70mm,"河南公路"字体为方正黑体简体 110pt,红色字,字间距为 8.5mm,如图 C.2 所示。室外标识牌的"公路路徽"标志和"河南公路"字体尺寸随场地规模按比例自行调整。

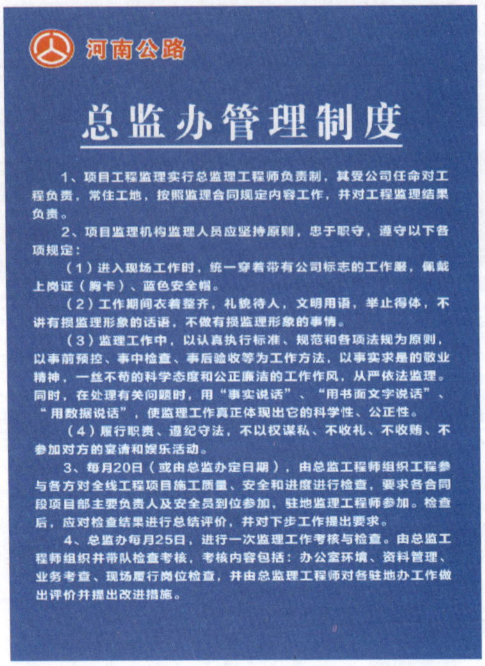

图 C.2　公路路徽设置图

C.4　安全帽

建设单位人员安全帽为白色，监理单位人员安全帽为蓝色，施工单位管理人员安全帽为红色，施工单位作业人员安全帽为黄色。安全帽上字体为中黑简，第一行项目名称字号为 50 号，第二行公司名称字号为 30 号，如图 C.3 所示。

图 C.3　安全帽

C.5　上岗证

建设单位人员佩戴上岗证（胸卡）为白底红字，监理单位人员佩戴上岗证（胸卡）为蓝底白字，施工单位人员佩戴上岗证（胸卡）为红底黄字，如图 C.4 所示。上岗证内容有单位名称、照片（红底小二寸，施工单位为蓝底小二寸）、姓名、职务、编号，卡片尺寸为 10cm × 7cm，塑封制作。

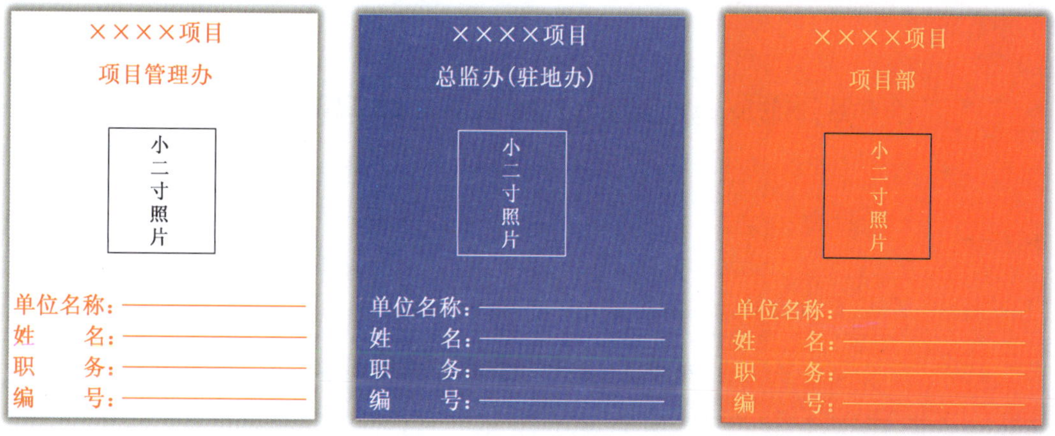

图 C.4　上岗证(胸卡)

C.6　袖标

各单位安全监察人员佩戴环形袖标为红底黄字，如图 C.5 所示，尺寸为 14cm×40cm。

图 C.5　袖标

附 录 D
(规范性附录)
拌和站,钢筋加工场,预制梁场,桥梁、隧道施工现场标识标牌设置

D.1 拌和站

拌和站标识标牌应符合表D.1的规定。

表D.1 拌和站标识标牌标准

标识名称	尺寸 (长×宽,cm)	材质要求	颜色、 字体要求	标识内容及要求	设置位置
拌和站简介牌	120×240	铝板	蓝底白字 宋体加粗	拌和的数量、供应主要构造物情况及质量、安全保障体系等	场地入口处
配合比牌	120×240	铝板	蓝底白字 宋体加粗	—	拌和站旁
材料标识牌	60×50	铝板	蓝底白字 宋体加粗	—	材料堆放处
样品池标识牌	60×50	铝板	蓝底白字 宋体加粗	—	材料堆放处
操作规程牌	120×80	铝板	蓝底白字 宋体加粗	各机械设备操作要求	机械设备旁
文明施工牌	120×240	铝板	蓝底白字 宋体加粗	—	场内
消防保卫牌	120×240	铝板	蓝底白字 宋体加粗	底部应标有火警电话119	场内
安全警告警示牌	按国标制作	铝板	—	—	各作业点
注:各标识标牌的尺寸、设置位置应根据各项目的实际情况按比例进行调整,室内标识牌的高度应一致,宽度成倍增加。蓝色的代码为C100,Y60。					

D.2 钢筋加工场

钢筋加工场标识标牌应符合表D.2的规定。

表D.2 钢筋加工场标识标牌标准

标识名称	尺寸 (长×宽,cm)	材质要求	颜色、 字体要求	标识内容及要求	设置位置
加工场简介牌	120×240	铝板	蓝底白字 宋体加粗	钢筋加工的数量、供应主要构造物情况及质量、安全保障体系等	场地入口处
材料标识牌	60×50	铝板	蓝底白字 宋体加粗	—	材料堆放处

表 D.2 钢筋加工场标识标牌标准(续)

标识名称	尺寸(长×宽,cm)	材质要求	颜色、字体要求	标识内容及要求	设置位置
操作规程牌	120×80	铝板	蓝底白字宋体加粗	各机械设备操作要求	机械设备旁
钢筋大样图板	60×80	铝板	蓝底白字宋体加粗	所加工钢筋大样图尺寸、型号及使用部位等	钢筋(半)成品旁
文明施工牌	120×240	铝板	蓝底白字宋体加粗	—	场内
消防保卫牌	120×240	铝板	蓝底白字宋体加粗	底部应标有火警电话 119	场内
安全警告警示牌	按国标制作	铝板	—	—	各作业点
注:各标识标牌的尺寸、设置位置应根据各项目的实际情况按比例进行调整,室内标识牌的高度应一致,宽度成倍增加。蓝色的代码为 C100,Y60。					

D.3 预制梁场

预制梁场标识标牌应符合表 D.3 的规定。

表 D.3 预制梁场标识标牌标准

标识名称	尺寸(长×宽,cm)	材质要求	颜色、字体要求	标识内容及要求	设置位置
预制场简介牌	120×240	铝板	蓝底白字宋体加粗	预制梁板的数量、供应主要构造物情况及质量、安全保障体系等	场地入口处
施工平面布置图	120×240	铝板	蓝底白字宋体加粗	—	场内
工艺流程图	120×240	铝板	蓝底白字宋体加粗	预制、张拉、压浆工艺流程	相应操作处
材料标识牌	60×50	铝板	蓝底白字宋体加粗	—	材料堆放处
样品池标识牌	60×50	铝板	蓝底白字宋体加粗	—	材料堆放处
操作规程牌	120×80	铝板	蓝底白字宋体加粗	各机械设备操作要求	机械设备旁
混凝土配合比牌	120×240	铝板	蓝底白字宋体加粗	—	拌和楼旁
钢筋大样图板	60×80	铝板	蓝底白字宋体加粗	所加工钢筋大样图尺寸、型号及使用部位	钢筋(半)成品旁
文明施工牌	120×240	铝板	蓝底白字宋体加粗	—	场内
消防保卫牌	120×240	铝板	蓝底白字宋体加粗	底部应标有火警电话 119	场内
安全警告警示牌	按国标制作	铝板	—	—	各作业点
注:各标识标牌的尺寸、设置位置应根据各项目的实际情况按比例进行调整,室内标识牌的高度应一致,宽度成倍增加。蓝色的代码为 C100,Y60。					

D.4 桥梁、隧道施工现场

桥梁、隧道施工现场标识标牌应符合表 D.4 的规定。

表 D.4 桥梁、隧道施工现场标识标牌标准

标识名称	尺寸（长×宽,cm）	材质要求	颜色、字体要求	标识内容及要求	设置位置
工程简介牌	120×80	铝板	蓝底白字 宋体加粗	—	桥梁、隧道施工现场的醒目位置
廉政监督牌	120×80	铝板	蓝底白字 宋体加粗	廉政制度、领导小组、监督小组及监督电话	
质量保证体系	120×80	铝板	蓝底白字 宋体加粗	—	
安全、环保保证体系	120×80	铝板	蓝底白字 宋体加粗	—	
消防保卫牌	120×80	铝板	蓝底白字 宋体加粗	底部应标有火警电话 119	
文明施工牌	120×80	铝板	蓝底白字 宋体加粗	—	
风险告知牌	120×80	铝板	蓝底白字 宋体加粗	—	
安全警示牌	120×80	铝板	蓝底白字 宋体加粗	—	
施工现场平面图	120×240	铝板	蓝底白字 宋体加粗	—	
工程立体效果图	120×240	铝板	白底彩图	—	
宣传栏	120×240 （单窗）	铝板	—	可设置多窗	
注：各标识标牌的尺寸、设置位置应根据各项目的实际情况按比例进行调整，室内标识牌的高度应一致，宽度成倍增加。蓝色的代码为 C100，Y60。					

附　录　E
（规范性附录）
公路工程施工现场常用安全标志

E.1　禁止标志

公路工程施工现场常用禁止标志见表 E.1 的规定。

表 E.1　禁止标志

编号	图　形	制作要求	安装要求	设置范围和部位
禁 1		尺寸为 30cm × 40cm，铝板制作	悬挂或粘贴	基坑、泥浆池、水上平台、挖孔桩施工现场、路基边坡开挖现场、爆破现场、配电房、炸药库、油库、施工现场入口等
禁 2		尺寸为 30cm × 40cm，铝板制作	悬挂或粘贴	拌和楼、龙门吊、桩机、支架、变压器等
禁 3		尺寸为 30cm × 40cm，铝板制作	悬挂或粘贴	检修、清理搅拌系统、龙门吊、桩机等机械设备
禁 4		尺寸为 30cm × 40cm，铝板制作	悬挂或粘贴	配电房、电气设备开关处、发电机、变压器、炸药库、油库、油罐、氧气、乙炔存放区，隧道口、木工加工场地等
禁 5		尺寸为 30cm × 40cm，铝板制作	悬挂或粘贴	大型空压机、炸药库、油库、油罐

表 E.1 禁止标志(续)

编号	图　形	制作要求	安装要求	设置范围和部位
禁 6		尺寸为 30cm × 40cm,铝板制作	悬挂或粘贴	配电房、电气设备开关处、发电机、变压器、油库
禁 7		尺寸为 30cm × 40cm,铝板制作	悬挂或粘贴	配电房、电气设备开关处、发电机、变压器、油库
禁 8		尺寸为 30cm × 40cm,铝板制作	悬挂或粘贴	未完成的桥面上、支架、高处作业场所
禁 9		尺寸为 30cm × 40cm,铝板制作	悬挂或粘贴	对人员具有直接危险的场所,如危险路口、吊装作业区、输送带下方、预制梁架设区、爆破作业区等处

E.2 警告警示标志

公路工程施工现场常用警告警示标志见表 E.2 的规定。

表 E.2 警告警示标志

编号	图　形	制作要求	安装要求	设置范围和部位
警 1		采用边长 90cm 的等边三角形铝合金牌,上贴反光膜,中间为黄底黑色图案,周边为 6.5cm 的黑边	悬挂或粘贴	拌和楼、龙门吊、配电房、电气设备开关处、发电机、变压器、桩机、隧道进口、梁场进口

表 E.2　警告警示标志(续)

编号	图　形	制作要求	安装要求	设置范围和部位
警 2		采用边长 90cm 的等边三角形铝合金牌，上贴反光膜，中间为黄底黑色图案，周边为 6.5cm 的黑边	悬挂或粘贴	有吊装设备作业的场所
警 3		采用边长 90cm 的等边三角形铝合金牌，上贴反光膜，中间为黄底黑色图案，周边为 6.5cm 的黑边	悬挂或粘贴	各类焊接作业场所
警 4		采用边长 90cm 的等边三角形铝合金牌，上贴反光膜，中间为黄底黑色图案，周边为 6.5cm 的黑边	悬挂或粘贴	边坡开挖、拆除现场、支架、高处作业场所
警 5		采用边长 90cm 的等边三角形铝合金牌，上贴反光膜，中间为黄底黑色图案，周边为 6.5cm 的黑边	悬挂或粘贴	基坑、泥浆池、水上平台、桩基施工现场、路基边坡开挖现场、爆破现场、配电房、炸药库、油库、便桥、临时码头、拌和楼、龙门吊、桩机、支架、变压器、拆除工程现场、地锚、缆绳通过区域等
警 6		采用边长 90cm 的等边三角形铝合金牌，上贴反光膜，中间为黄底黑色图案，周边为 6.5cm 的黑边	悬挂或粘贴	砌筑脚手架、隧道施工台车、衬砌台车
警 7		采用边长 90cm 的等边三角形铝合金牌，上贴反光膜，中间为黄底黑色图案，周边为 6.5cm 的黑边	悬挂或粘贴	易产生有毒有害气体的场所，如隧道、基坑等

表 E.2 警告警示标志(续)

编号	图　形	制作要求	安装要求	设置范围和部位
警 8		采用边长 90cm 的等边三角形铝合金牌,上贴反光膜,中间为黄底黑色图案,周边为 6.5cm 的黑边	悬挂或粘贴	基坑、桩基施工场地
警 9		采用边长 90cm 的等边三角形铝合金牌,上贴反光膜,中间为黄底黑色图案,周边为 6.5cm 的黑边	悬挂或粘贴	桩机、架桥机、大型空压机、钢筋加工场地、模板加工场地

E.3 指令标志

公路工程施工现场常用指令标志见表 E.3 的规定。

表 E.3 指 令 标 志

编号	图　形	制作要求	安装要求	设置范围和部位
指 1		尺寸为 30cm × 40cm,铝板制作	悬挂或粘贴	易伤害脚部的作业场所,如具有腐蚀、灼热、触电、砸(刺)伤等危险的作业地点
指 2		尺寸为 30cm × 40cm,铝板制作	悬挂或粘贴	易发生溺水的作业场所,如水上平台、临时码头
指 3		尺寸为 30cm × 40cm,铝板制作	悬挂或粘贴	头部易受外力伤害的作业场所,如高空作业处、特种作业处

表 E.3 指令标志（续）

编号	图形	制作要求	安装要求	设置范围和部位
指 4		尺寸为 30cm × 40cm，铝板制作	悬挂或粘贴	头部易受外力伤害的作业场所，如施工现场进出口、桩基施工现场、路基边坡开挖现场、爆破现场、张拉作业区、梁场入口、钢筋加工场地、拆除现场、隧道进口等
指 5		尺寸为 30cm × 40cm，铝板制作	悬挂或粘贴	重要的作业场所，如配电箱、雷管、炸药库等
指 6		尺寸为 30cm × 40cm，铝板制作	悬挂或粘贴	对眼睛有伤害的作业场所，如钢筋焊接场地、油泵操作场地
指 7		尺寸为 30cm × 40cm，铝板制作	悬挂或粘贴	易伤害手部的作业场所，如具有腐蚀、污染、灼热、冰冻及触电危险等作业场所
指 8		尺寸为 30cm × 40cm，铝板制作	悬挂或粘贴	施工现场的出入口等醒目位置

E.4 提示标志

公路工程施工现场常用提示标志见表 E.4 的规定。

表 E.4 提示标志

编号	图形	制作要求	安装要求	设置范围和部位
示 1	灭火器指示标志 	尺寸为 30cm × 40cm	悬挂或粘贴	指示灭火器存放的位置
示 2	灭火设备指示标志 	尺寸为 30cm × 40cm	悬挂或粘贴	指示灭火设备存放的位置

E.5 明示标志

公路工程施工现场常用明示标志见表 E.5 的规定。

表 E.5 明示标志

编号	图形	制作要求	安装要求	设置范围和部位
识 1		尺寸为 80cm × 60cm，铝板制作，白底红字	悬挂或粘贴	氧气存放处
识 2		尺寸为 80cm × 60cm，铝板制作，白底红字	悬挂或粘贴	乙炔存放处

E.6 限速限高标志

公路工程施工现场常用限速限高标志见表 E.6 的规定。

表 E.6 限速限高标志

编号	图形	制作要求	安装要求	设置范围和部位
识 1	限制速度标志 	采用直径 80cm 圆形，铝板制作，中间为所限制的时速，白底黑字，周边为 8cm 宽红边	悬挂或粘贴	施工作业区、便道、便桥、交叉路口
识 2	限制高度标志 	采用直径 80cm 圆形，铝板制作，中间为所限制的高度，白底黑字，周边为 8cm 宽红边	悬挂或粘贴	跨线桥、便桥、隧道衬砌台车、施工台车

附　录　F
（规范性附录）
公路工程施工现场安全防护设施图例

F.1　柱形路标

柱形路标如图 F.1 所示，底座为圆形水泥混凝土预制，直径 20cm，高 20cm，底座上设置直径 7.5cm 的圆形 PVC 柱杆，柱杆总高 100cm，插入底座 20cm，外露 80cm，柱杆采用红白相间反光膜粘贴。

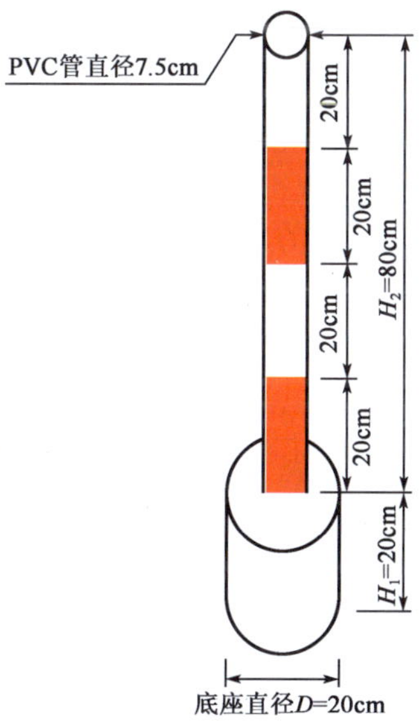

图 F.1　柱形路标

F.2　隔离墩

隔离墩如图 F.2 所示，采用 C20 水泥混凝土预制，外壁刷白，粘贴三道红色反光膜，其中，小圆上粘贴一道宽度为 4.5cm 红色反光膜，大圆下粘贴一道宽度为 4.5cm 红色反光膜，两圆中间粘贴一道宽度为 4.5cm 红色反光膜。

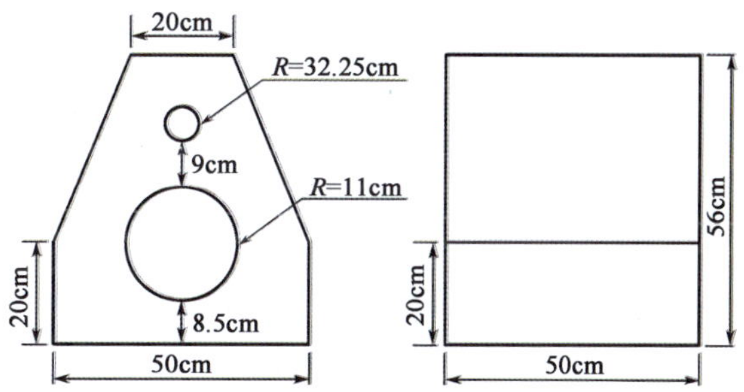

图 F.2　隔离墩